# LE LIVRE
# DU PREMIER AGE,
## ALPHABET
### MÉTHODIQUE ET CHRÉTIEN,

CONTENANT :

1º. Les Lettres et les Syllabes rangées suivant leur ordre naturel ; leurs variations, emplois, etc.

2º Les premiers principes de la religion et les Prières les plus ordinaires.

### NOUVELLE ÉDITION.

## ÉPINAL,
PELLERIN ET Cⁱᵉ, IMPRIMEURS-LIBRAIRES.

# LE LIVRE
# DU PREMIER AGE,
## ALPHABET
### MÉTHODIQUE ET CHRÉTIEN,

CONTENANT :

1° Les Lettres et les Syllabes rangées suivant leur ordre naturel ; leurs variations, emplois, etc. ;

2° Les premiers Principes de la religion et les Prières les plus ordinaires.

#### NOUVELLE ÉDITION.

### ÉPINAL,

PELLERIN ET Cᵉ, IMPRIMEURS-LIBRAIRES.

X

1847

*19675*

*(1686)*

Annonciation de la Vierge.

# MAJUSCULES.

 A B C D

E F G HIJ

K L M N O

P Q R S T

U V X Y Z

# ALPHABET MÉTHODIQUE.

*Minuscules.*

a e i y o u h

b p v f m n d

t z s c q k j l

r x æ œ &.

## LETTRES ITALIQUES.

*a b c d e f g h i j k*

*l m n o p q r s t u*

*v w x y z æ œ.*

— 5 —

## VOYELLES.

# a e é è i y o u.

## CONSONNES.

# b c d f g h j k l m
# n p q r s t v x z.

## CHIFFRES.

# 1 2 3 4 5 6 7 8 9 0

| | arabes. | romains. | | arabes. | romains. |
|---|---|---|---|---|---|
| Zéro | 0 | | Quinze | 15 | XV |
| Un | 1 | I | Seize | 16 | XVI |
| Deux | 2 | II | Dix-sept | 17 | XVII |
| Trois | 3 | III | Dix-huit | 18 | XVIII |
| Quatre | 4 | IV | Dix-neuf | 19 | XIX |
| Cinq | 5 | V | Vingt | 20 | XX |
| Six | 6 | VI | Trente | 30 | XXX |
| Sept | 7 | VII | Quarante | 40 | XL |
| Huit | 8 | VIII | Cinquante | 50 | L |
| Neuf | 9 | IX | Soixante | 60 | LX |
| Dix | 10 | X | Quatre-vingt | 80 | LXXX |
| Onze | 11 | XI | Cent | 100 | C |
| Douze | 12 | XII | Deux cents | 200 | CC |
| Treize | 13 | XIII | Cinq cents | 500 | D |
| Quatorze | 14 | XIV | Mille | 1000 | M |

# PREMIER TABLEAU.

| a | e | i | o | u | eu | ou |
|---|---|---|---|---|----|----|
| ha | he | hi | ho | hu | heu | hou |
| ba | be | bi | bo | bu | beu | bou |
| pa | pe | pi | po | pu | peu | pou |
| va | ve | vi | vo | vu | veu | vou |
| fa | fe | fi | fo | fu | feu | fou |
| pha | phe | phi | pho | phu | pheu | phou |
| ma | me | mi | mo | mu | meu | mou |
| na | ne | ni | no | nu | neu | nou |
| da | de | di | do | du | deu | dou |
| ta | te | ti | to | tu | teu | tou |
| xa | xe | xi | xo | xu | xeu | xou |
| za | ze | zi | zo | zu | zeu | zou |
| sa | se | si | so | su | seu | sou |
| ça | ce | ci | ço | çu | ceu | çou |
| ca | ke | ki | co | cu | keu | cou |
| qua | que | qui | quo | qu'u | queu | qu'ou |
| ga | gue | gui | go | gu | gueu | gou |

| gea | ge  | gi  | geo | geû | geu  | geou |
| ja  | je  | ji  | jo  | ju  | jeu  | jou  |
| cha | che | chi | cho | chu | cheu | chou |
| la  | le  | li  | lo  | lu  | leu  | lou  |
| ra  | re  | ri  | ro  | ru  | reu  | rou  |
| gna | gne | gni | gno | gnu | gneu | gnou |

*E* muet, *menace; accents*, aigu (´), *é* fermé, *été;* grave (`), *è* ouvert, *accès;* circon-flexe (ᴀ), *pâte, fête, gîte, côte, flûte.*

NOMENCLATURE.

A-mi, é-co-le, i-ma-ge, ob-jet, hu-meur, heu-reux.

Ba-gue, pè-re, vi-gne, for-ce, phé-nix, mus-cat, bour-se, veuf.

Ner-veux, dis-pos, tor-tue,
zé-phir, sour-cil, si-gnal.
Gui-de, co-quil-le, jour-nal,
che-val, lu-nette, rou-geur.

**S** *se prononce comme* **z** *dans* visage, asile.

**TI** — — si — initier, action.

**CH** — — k — chœur d'église.

## SECOND TABLEAU.

| | | | | | |
|---|---|---|---|---|---|
| bla | blo | bleu | bra | breu | brou |
| pla | pleu | pra | pro | vra | vre |
| fla | fleu | fra | fru | phle | phla |
| dra | dre | dro | tra | tre | trou |
| cla | clo | cra | cro | chre | chri |
| gla | gle | glou | gra | gri | gro |
| spa | sque | stra | scru | xa | xe |

## NOMENCLATURE.

Blâ-mable, bre-vet, pli-er, prou-ver, flot-ter, phleg-me. Dra-gées, tro-quer, chré-tien, spec-tre, sque-lette, stro-phe.

*X* comme *ks* : taxer ; comme *gz* : exact, exercice.

*Voyelles nazales et Diphtongues.*

*an*, *en*, *im*, *on*, *eun*, *oi*, *oin*, *ui* : comme blanc, examen, bien, plomb, à jeun, foi, roi, loi, soin, poing, lui, oui.

### VARIATIONS.

*E* muet, *ent* : ils ouvrent, ils rient.
*È*, *é*, *ai* : l'accès, l'arrêt, la paix.
*O*, *au*, *eau* : écho, défauts, couteaux.

Oi, *oë* : poële. **Y** *ii* : paysan.

Eu, *œu* : œuf, bœuf. *An, en* : enfant.

En, *in, ain* : vin, pain, impair.

On, *aon* : taon. **E** *un* : parfum.

---

## NOTES ET PONCTUATIONS.

*Tréma* ( ¨ ) : haïr, ciguë, Saül.

*H aspirée*, comme *tréma* : la haine, le hibou, cohorte, trahir.

*Apostrophe* ( ' ) : l'eau, l'air, l'an.

*H muette* : l'homme, l'herbe, l'hiver.

*L mouillée* : orgueil, fille, feuille.

*Cédille* ( ç ) : façon, maçon, soupçon.

*Virgule* ( , ). *Point et virgule* ( ; ).

*Point* ( . ). *Deux points* ( : ).

*Point d'interrogation* ( ? ).

*Point d'exclamation* ( ! ).

---

# INSTRUCTIONS ET PRIÈRES.

Dieu nous a créés pour le connaître, l'aimer et le servir. Pour cette fin, il a fait, à son image, notre âme en trois facultés : l'entendement, la mémoire et la volonté.

Dieu est l'être souverain existant en trois personnes. Nous invoquons la Sainte-Trinité en disant : Au nom du *Père*, et du *Fils*, et du *Saint-Esprit*. Ainsi soit-il.

Dieu le Fils s'est fait homme, et se nomme *Jésus-Christ*. Il est l'auteur et le chef de la Religion chrétienne et catholique, que les Apôtres et ses Disciples, et leurs successeurs les Evêques et les

Prêtres, ont répandue et répandront par toute la terre, jusqu'à la fin des siècles.

*Les Apôtres ont renfermé tout ce que nous devons croire dans cette profession de foi, nommée :*

### SYMBOLE DES APÔTRES.

Je crois en Dieu le Père tout-puissant, créateur du ciel et de la terre, et en Jésus-Christ son Fils unique, notre Seigneur, qui a été conçu du Saint-Esprit, est né de la Vierge Marie ; qui a souffert sous Ponce Pilate ; qui a été crucifié, est mort et a été enseveli ; qui est descendu aux enfers, est ressucité des morts le troisième jour ; est monté aux cieux, est assis à la droite de Dieu le Père tout-puissant, d'où il viendra juger les vivants et les morts. Je crois au Saint-Esprit, la sainte Eglise catholique, la communion des Saints, la rémission des péchés, la résurrection de la chair, la vie éternelle. Ainsi soit-il.

*Notre Seigneur nous a enseigné lui-même ce que nous devons demander, dans la Prière suivante :*

### L'ORAISON DOMINICALE.

Notre Père, qui êtes dans les cieux, que votre nom soit sanctifié ; que votre règne arrive ; que votre volonté soit faite en la terre comme au ciel ; donnez-nous aujourd'hui notre pain quotidien, et pardonnez-nous nos offenses, comme nous pardonnons à ceux qui nous ont offensés ; et ne nous laissez point succomber à la tentation ; mais délivrez-nous du mal. Ainsi soit-il.

*Nous honorons les Saints et principalement la très-sainte Vierge, à qui nous adressons cette Prière :*

### LA SALUTATION ANGÉLIQUE.

Je vous salue, Marie, pleine de grâces ; le Seigneur est avec vous ; vous êtes bénie entre toutes les femmes, et Jésus, le fruit de vos entrailles, est béni.

Sainte Marie, Mère de Dieu, priez pour nous, pauvres pécheurs, maintenant et à l'heure de notre mort. Ainsi soit-il.

*Nous demandons le pardon de nos péchés, en les confessant avec une grande douleur d'avoir offensé Dieu.*

### LA CONFESSION GÉNÉRALE.

Je me confesse à Dieu tout-puissant, à la bienheureuse Marie toujours vierge, au bienheureux saint Michel archange, au bienheureux saint Jean-Baptiste, aux Apôtres saint Pierre et saint Paul, et à tous les Saints, et à vous, mes frères, d'avoir beaucoup offensé Dieu, par pensées, par paroles et par actions; c'est par ma faute que je suis coupable de tant de péchés; oui, c'est par ma faute, c'est par ma très-grande faute. C'est pourquoi je prie la bienheureuse Marie toujours vierge, le bienheureux saint Michel archange, le bienheureux saint Jean-

Baptiste, les Apôtres saint Pierre et saint Paul, tous les Saints, et vous, mes frères, de prier pour moi le Seigneur notre Dieu. Ainsi soit-il.

*Prions Dieu de nous faire comprendre et observer ses Commandements.*

### LES COMMANDEMENTS DE DIEU.

1. Un seul Dieu tu adoreras,
    Et aimeras parfaitement.

2. Dieu en vain tu ne jureras,
    Ni autre chose pareillement.

3. Les dimanches tu garderas,
    En servant Dieu dévotement.

4. Tes père et mère honoreras,
    Afin de vivre longuement.

5. Homicide point ne seras,
    De fait ni volontairement.

6. Luxurieux point ne seras,
    De corps ni de consentement.

7. Le bien d'autrui tu ne prendras,
    Ni retiendras à ton escient.

8. Faux témoignage ne diras,
    Ni mentiras aucunement.

9. L'œuvre de chair ne désireras,
    Qu'en mariage seulement.

10. Biens d'autrui ne convoiteras,
    Pour les avoir injustement.

*Demandons à Dieu la grâce d'observer les Commandements de l'Eglise.*

Puisque vous ne recevez point, Seigneur, au nombre de vos enfants ceux qui ne veulent pas reconnaître la sainte Eglise pour leur mère, faites que j'écoute sa voix comme la vôtre, et que je lui obéisse comme à vous.

### LES COMMANDEMENTS DE L'ÉGLISE.

1. Les fêtes tu sanctifieras,
   Qui te sont de commandement.
2. Les dimanches messe entendras,
   Et les fêtes pareillement.
3. Tous tes péchés confesseras,
   A tout le moins une fois l'an.
4. Ton Créateur tu recevras,
   Au moins à Pâques humblement.
5. Quatre-Temps, Vigiles, jeûneras,
   Et le Carême entièrement.
6. Vendredi chair ne mangeras,
   Ni le samedi mêmement.

FIN.

ÉPINAL, IMPRIM. DE PELLERIN.

JE VOUS SALUE, MARIE.

www.ingramcontent.com/pod-product-compliance
Lightning Source LLC
Chambersburg PA
CBHW061806040426

42447CB00011B/2505